Philolimericks

Von K. Theo Frank

So manches hier
halt ich für richtig,
und andres mein' ich
spitz und giftig,
mit Ironie
und Sympathie.
Was nun für was gilt,
ist nicht wichtig?

Verlag:
BoD · Books on Demand GmbH, In de Tarpen
42, 22848 Norderstedt, bod@bod.de
Druck:
Libri Plureos GmbH, Friedensallee 273,
22763 Hamburg
ISBN: 978-3-7597-7098-1

Es treten auf:

Immanuel Kant
Friedrich Nietzsche
Cormack McCarthy
Theodor Adorno
Karl Marx
Martin Heidegger
Simone Weil
Alexis de Tocqueville
Wolfram Eilenberger
Paul Watzlawick
Mark Fisher
Jacques Derrida
Jean Baudrillard
Michel Foucault
G. W. F. Hegel
Jürgen Habermas
Karl Polanyi
Karl Popper
Svenja Flaßpöhler
Fjodor Dostojewski

Edmund Burke
Martin Luther
Sigmund Freud
Joseph Beuys
Ernst Bloch
Erich Kästner
Albert Camus
Slavoj Zizek
George Orwell
Peter Sloterdijk
Jürgen Kaube
Oswald Spengler
Friedrich Schiller
Harry Frankfurt

I. Wille und Macht

Wille vs. Vernunft:

Tun, das ist Wille,
der sich ausspricht,
oder Gewalt,
die sich die Bahn bricht.
Ist nie vernünftig,
doch immer find' sich
eine Vernunft, die es rechtfertigt.

Wille vs. Prinzipien:

Des Menschen Wille
richtet sich
nach den Prinzipien, innerlich.
Und all die Rahmen
für Willenstaten
erschafft der Mensch
ganz willentlich.

Amor fati:

Der eine lebt sein Leben so,
dass ers so wiederholen wollt.
Der andre liebt
seine Leben wie
es ist. Er find' es immer toll.

Erhalt vs. Leben:

Der eine opfert seine Kraft,
um zu erhalten, was er hat.
Der andre wagt
ganz unverzagt,
und macht das,
was ihn leben macht.

Wille vs. Glück:

Die Tiere wolln
aus Hunger fressen,
der Mensch ums baldge
Sattsein wissen.
Den Willen macht
der Glücksverdacht,
doch Willenskraft
steht überm
glücklich werden müssen.

Verdinglichung:

Gewalt macht Dinge
aus den Wesen,
ne Mischgattung
aus Leich' und Leben
mit halber Seele.
Doch die Befehle
glaubt jeder Zombie
selbst zu geben.

Konservative vs. Macht:

Der Konservative
schützt was von Wert,
vor Revoluzzer
und Reaktionär.
So das beste Verfahren,
doch Bewahrer bewahren oft nur
ihre Macht und hätten
gern mehr.

Macht vs. Norm:

Nur Macht kann Leute
dazu bringen,
sich in die Einheitsnorm
zu zwingen.
Doch gibt es Kön'ge
dafür zu wen'ge.
Was bleibt? Sich selbst
ins Netz zu spinnen.

Macht vs. Wissen:

So manche,
die die Macht ausrollen,
die Norm zur Wahrheit
machen wollen,
müssen auch wissen,
warum sies müssen.
Dabei ists Wissen,
dem sie folgen.

Macht vs. Machbarkeit:

Die Stimme Leuten
abzugeben,
um sie ins hohe Amt
zu wählen,
erfordert schon
ne Reflexion
obs machbar ist, wofür sie stehen.

Unfreier freier Wille:

Den eignen Willen
zu befreien
heißt, durch das
eigene Entscheiden
jene Ideen
ganz frei zu wähln,
die einen
beim Entscheiden leiten.

Wissen und Sprache:

Der Wissensmacht
perfide Rache
ist Machtgehabe
in der Sprache.
Was kann man machen,
ohn' selbst zu machten?
Nun, lachen wär
ne schöne Sache.

Imperator:

"Nur Land ist Macht!",
so die Erkenntnis,
"Die Invasion ist unumgänglich".
Drum greift er an
in seinem Wahn
und bäuerlichem
Weltverständnis.

Machtwort:

Das Machtwort macht
das Wort zu Macht.
Was es besonders
machtvoll macht:
Wenn es dem folgt,
was eh gewollt.
Doch ists kein Machtwort
mehr danach.

Panoptikum:

Fühlt sich ein
jeder überwacht,
dann schlägt sie zu,
die böse Macht.
Man reagiert
total normiert,
auch, wenn man selbst
die Norm gemacht.

Macht vs. Diskurs:

Diskurs ist Machtdemonstration
und keine Emanzipation.
Denn Wahrheit macht
allein die Macht
der momentanen Redeform.

Machiavellismus:

Wie soll die Macht
man sicherstellen,
wenn Wähler gern
Rebellen wählen?
Hier das Prinzip:
Man gibt sich hip
und zeigt sich selber
als Rebellen.

Verstand vs. Wirklichkeit:

Die Wirklichkeit
wird von der Macht
des menschlichen
Verstands gemacht.
Drum gilts zu lenken,
was Leute Denken,
und lückenlos wirds überwacht.

Orwell vs. Konstruktivismus:

Realität ist nur ein wei-
cher Rede- und Gedankenbrei,
der in sich kocht.
Besser wärs doch,
wär sie die Schöpfung
der Partei.

Irrationalität:

Zu technokratisch
scheint die Welt,
zu wenig frei,
weil zu konkret.
Die Möglichkeit,
die übrig bleibt:
Man wählt Irrationalität.

Freier Wille:

In einer hochkausalen Welt,
gibts keinen Hund,
der grundlos bellt.
So ist "frei" freilich
nur dann begreiflich,
wenn mans für
Gottes Willen hält.

Macht der Fremdsprache

Die Sprache schafft Realität,
die aus der Sprecher Macht
besteht.
Am besten wohnt
Man an nem Ort
wo man die
Sprache nicht versteht.

II. Kapitalismus und Konsum

Der kapitalistische Januskopf:
Der eine sagt,
er macht so Sachen,
die andern
sehr viel Freude machen.
Drum wird es gekauft.
Da kauft man ihn auf,
nur, um sein Zeug
vom Markt zu schaffen.

Virtueller Konsum:
Was Unternehmen produzieren,
muss jeder sofort schnabulieren.
Statt Überfressung
ists doch ne Bess'rung,
Symbole nur zu konsumieren.

Geistiges Eigentum:

So mancher denkt,
wenn jemand denkt,
ist der Genuss
auf ihn beschränkt.
Doch, aus dem Innern
was Eignes zimmern,
setzt hin und wieder
auch nen Trend.

Abschwung/Aufschwung:

Die Wissenschaft hat
rausgefunden:
Die Wirtschaft rutscht
den Bach nach unten
bis zum Infarkt.
Dann wächst der Markt.
So dreht er eben seine Runden.

Foucaultopie:

Ein jeder lernt, was jeder mag,
woran er krankt,
was er beklagt,
um unsre Firmen
zu optimieren.
Foucault, du hasts vorhergesagt.

Nachhaltigkeit im Kapitalismus:

Die Marktwirtschaft,
sie kollabiert,
wenn niemand
Gase emittiert.
Der Markt machts Klima
notorisch schlimmer.
Die Lösung:
Gas wird exportiert.

Kein Verbrennen –
Keine Emission:
Von Zigaretten
bis zur Kohle,
Verbrennen ist
nicht mehr in Mode.
Auch wenn die Flammen
von Göttern kamen,
danke, Prometheus,
s'geht auch ohne.

Entstehung des Kapitalismus:
Sie fragten sich einst,
wie entstand
Kapitalismus hier im Land?
Aus Materialismus?
Aus Protestantismus?
Der Fugger wars,
der ihn erfand.

Liberalismus vs. Protektionismus:

Diese Sozial-Oszillation
von liberal zu Protektion
hört niemals auf.
Man nennt sie auch:
die große Transformation.

Wirtschaftlichkeit:

Nach materieller Notwendigkeit,
entsteht ein Produkt
in kürzester Zeit,
zu niedrigstem Lohn.
Da kann man nix tun,
die Wirklichkeit heißt
Wirtschaftlichkeit.

Liebe vs. Ökonomie:

Wie viel ist wohl die Liebe wert?
Die Zeit, die jeder investiert,
damit sie sich
gesellschaftlich
an jedem Tag reproduziert.

Solidarischer Konsum:

Ganz früher tat man
konsumieren,
nur um sich selber zu plaisieren.
Heut soll man fressen
für seine Nächsten,
dann wird das Gute
nie verlieren.

Konsum vs. Ressourcen:

Die Kunden tummeln sich
in Scharen
ums Angebot der Sonderwaren.
Zu jeder Narrheit
ne neue Wahrheit.
Nur eine fehlt:
Ressourcen sparen.

Moderne:

Die Menschen rennen
und bedienen
und dienen herzlosen Maschinen,
füttern sie fromm
mit Stahl und Strom,
und auch mit Daten
und Terminen.

Politisch korrekter Konsum:

Der Geiz, der war früher mal geil,
Moral war ein störend' Detail.
Doch, kauft man heut Ware,
so zahlt man das Bare,
für Gnade und Seelenheil.

III. Kommunikation und Meinung

Social-Media Aufmerksamkeit:
Manch User nimmt sich
sehr viel Zeit,
macht sich bekannt,
weit und auch breit,
mit einem Ziele:
ein wenig Liebe.
Denn Liebe ist Aufmerksamkeit.

Öffentliche Meinung:
Des Herrn
geoffenbarte Weisung,
der Wissenschaft Logikableitung
sind nur von Wert,
wenns Volk regiert,
als eine öffentliche Meinung.

Nicht-Kommunikation:

Man will sich
ängstlich isolieren,
in seine Zelle
betonieren,
nichts offenbaren.
Doch, lasst euch sagen:
Man kann nicht
nicht kommunizieren

Gute Nachrichten:

So mancher tut sich
daran stören,
nur schlechte
Nachrichten zu hören.
Doch hört man Schönes
und Angenehmes
kann man sich leider
nicht empören.

Aktionismus:

Motivationen kommen jetzt
für manch Aktionen
aus dem Netz.
Da wärs was Gut's,
wenn solcher Schruz
sich auf das
Internetz begrenzt.

Konsens im Ikarus-Klub:

Sie diskutierten lang und breit,
dann spreizten sie die Flügel weit.
Sie sprangen ab,
direkt ins Grab.
Konsens ist nicht Wahrhaftigkeit.

Kommunikationstheorie:

Der Mensch verquatscht
gern seine Zeit
und wird vereint
sehr schnell gescheit.
So wird an der Bar
ganz herrschaftsfrei wahr,
die Wahrheit heißt Anwesenheit.

Gegenteil:

So mancher findet es ganz geil,
behauptet er das Gegenteil.
Dochs Antonym
von einem Ding,
ist nur sein Spiegel-Einerlei.

Internet vs. Totalitarismus:

Das Internet
spinnt mehr und mehr,
sich um
den täglichen Verkehr.
Für solch Beschleichung
gibts ne Bezeichnung:
Die heißt?
Genau! Totalitär.

Internet vs. Echtheit I:

Online kann jeder sein
wie ers möcht',
mal traurig, mal ernst
und auch mal frech.
Doch bleibt die Frage
und bange Klage:
Ist außer mir hier irgendwer echt?

Internet vs. Echtheit II:

Wer wohl beim
nächsten Tweet-Gedicht
in Wirklichkeit
aus einem spricht?
Ist die Cloud,
die sich das traut?
Das "ich", das braucht
sie dafür nicht.

IV. Denken und Erkenntnis

Hermann Hesse, Siddhartha:

So mancher Denker
denkt sich: Na,
wird alles,
was ich denk auch wahr?
So denkt er Worte
sich zu ner Torte
und oben drauf
steht Ohhhmega.

Die Leichtigkeit des Phänomens:

Fällt einem
ein genauer Reim
auf das am Leben-Sein
nicht ein,
man bloß genießt,
dass es geschieht,
wie leicht muss so ein Leben sein.

Die Leichtigkeit der Musik:

Musik lässt Glück
im Herzen sprießen,
und Tränen in
die Augen schießen.
Doch fragen Leute,
was sie bedeute,
statt sie
ganz einfach zu genießen.

Rückkopplung:

Man denkt,
Gedanken reflektieren
wird uns
auf bessre Wege führen.
Doch Feedback-Schleifen
übt das Begreifen,
doch um
korrekt zu funktionieren.

Kant verstehen:

Nur das, sagt Kant,
wird auch erkannt,
was der Verstand
zuvor gekannt,
Derart beschränkt
und eingeengt
verstehen wir
sogar Herrn Kant.

Evolution:

Einst wuchs im Hirn
das Denkgebiet,
es schrumpfte das,
womit man sieht.
Wo endet wohl nun
solch Evolution?
In Welten
rein aus Fantasie.

Transzendentale Erkenntnis:

Ob Mann, ob Frau,
ob Kind, ob Greis,
der Mensch weiß nur,
was er schon weiß.
Der Allerschlauste
weiß aufs Genauste:
Der Mensch weiß gar nicht,
was er weiß.

Ende der Philosophie:

Der Philosophen
weise Lehre
erleidet schnell
so manche Kehre.
Am End' wird jeder
Nietzsche-Vertreter,
nur Nietzsche starrte
bleich ins Leere.

Negativ bestimmter Wortsinn:

Ein Wort bedeutet
leider nichts,
stehts nicht
im Gegensatz zu sich.
Sein Gegenteil
hats stets dabei.
Drum ist Bedeutung
niemals fix.

Linksrechts:

Manche Politiker,
die sehen
nur links und rechts
in allen Themen.
Zum Orientieren
Beim Reflektieren,
wärs gut,
ne Windrose zu nehmen.

Ding an sich:

Wär alles an nem Ding erkannt,
bis runter zum Atomverband,
wenns Vorurteil
gleich Wahrheit sei,
wärs Ding nicht mehr
so interessant.

Wissenschaftskritik:

Die Wissenschaft war
drauf versessen,
sich ständig mit Kritik
zu stressen.
Doch, schwarze Schwäne,
als Gegenthese,
hat jüngst
ein Therapeut gefressen.

Ideen empfangen:

Wird Wein mit
Sokrates serviert,
sieht mans Problem differenziert:
Nicht übermannen,
nein, auch empfangen,
ists, was Ideen neu gebiert.

Theorie vs. Empirie

Es gab ne tolle
Theorie,
erdacht vom
Wissenschafts-Genie,
bis sie zerplatzte.
Darum beachte:
Am Ende siegt die Empirie.

Analytische Philosophie:

Die Logik wolln sie
nicht verletzen,
ins Objektive sich versetzen.
Metaphysik,
so ist der Trick,
erklärn sie mit
Physik-Gesetzen.

Schriftsteller:

Was hat der Autor nur gemeint?
Der Leser macht die Augen weit,
quält den Verstand
Doch ist im Band
nur ne Geschichte eingeleimt.

Motivation zur Wahrheitssuche:

Der Mensch macht,
weil er Lust verspürt,
und nicht,
weil es zur Wahrheit führt.
Doch sagts Verständnis,
dass die Erkenntnis,
am lustvollsten
die Seele rührt.

Beweis wissenschaftlicher Erkenntnis:

Sie kam mit etwas
um die Ecke,
das alle Horizonte sprengte.
Ward diffamiert
und abserviert.
Heut wirds verkauft
an jeder Ecke.

Was von Hegel bleibt:

Oft wird von Hegel man erlöst,
indem man drüber eingedöst.
Trotz trübem Hirne
bleibt in der Birne:
Der Widerspruch ist ungelöst.

Murphys Gesetz:

Herr Kant war eher reflexiv,
Hegel dagegen negativ.
Beide zusamm'n
ergeben dann:
Alles, was schief gehn kann,
geht schief.

Neu vs. Alt:

So manch Gedanke
unsrer Zeit
scheint Denkern schnell als
Neuigkeit.
Dies ist vielmehr
nur Ausdruck der
Unkenntnis der Vergangenheit.

Einfache Antworten:

So manche Sache scheint sogar
vollkommen ohne Denken klar.
Doch klingt was leicht,
ist es nicht gleich
beweisfrei unbestreitbar wahr.

Moderne Schriftsteller:

Man hat Autoren
einst verbannt,
und ihre Bücher
gar verbrannt.
Doch die Vernichtung
moderner Dichtung
bewirkt die Schere im Verstand.

Kontinental vs. analytisch:

Man streitet sich,
wies – ganz tief drin –
wohl funktioniert,
des Menschen Hirn?
Nach Algorithmen?
Nach Klang und Rhythmen?
Wies aussieht,
hats nur Streit im Sinn.

V. Moral und Religion

Erkenntnis und Moral:
So mancher sagt,
was zu durchschauen,
heißt nicht,
ein Muss daraus zu mauern.
Doch, wer begreift,
wie etwas läuft,
warum soll er es nicht
so bauen?

Gemeinschaftliche Schuld:
Was tun wir uns bloß ständig an,
im Käfig aus sozialem Wahn,
hinter den Stangen
die wir erfanden.
Nur wir allein sind schuld daran.

Hasenfasching:

Sie sagten stets,
dass sie die Hasen
verehren,
aber Füchse hassen.
Klar, dass die Kleinen
von Lampes Freunden
zum Fasching
Hasenohren tragen.

Simone Weil,
Schwerkraft und Gnade I:

So mancher
in der Schlange denkt,
was ich kauf,
bleibt auf mich beschränkt.
Die Schwerkraft zieht,
doch Gnade fliegt,
wenn man den
ärgsten Feind beschenkt.

Simone Weil,
Schwerkraft und Gnade II:
Warum sollen wir
Feinde lieben,
Verzicht am Eigentume üben,
von allem scheiden,
untröstlich leiden?
Nun, um der Schwerkraft
zu entfliegen.

Absolution vs. Strafe:
N' Gesetz zu brechen,
ist nicht gut,
doch ists nicht
tragisch,
wenn mans tut.
Absolution,
die hilft dann schon,
doch nur von dem,
der es erschuf.

Transhumanismus:

Mit implantiertem
Biotech
werden die Menschen
bald perfekt.
Klingt großartig,
doch fragt man sich
Sind diese Menschen
denn auch nett?

Sola Gratia vs. Wilder Westen:

Der gute Cowboy
hats nie eilig,
der Böse zieht
den Colt stets zeitig.
Und dennoch killt
ihn unser Held.
Das Gut-Sein macht
den Colt geschmeidig.

Werte vs. Interessen:

Heut geht man nicht
mehr nach Int'ressen,
nach Werten tut man
sich bemessen.
Doch stimmen beide
nicht übereine,
werden die Werte
schnell vergessen.

Ende der Vergangenheit:

Einst gab es ein
verrücktes Land,
das hat nur
Zukünfte gekannt.
Niemand erbracht'
mehr Rechenschaft,
weil die Vergangenheit
verschwand.

Sünden-Paradoxon:

Wer würde es nicht
super finden,
befreit zu sein
von allen Sünden?
Wers will, muss all
das Leid im All
sich schuldhaft
an die Beine binden.

Vernunft vs. Empathie:

Ihr steht der Schlamm
schon überm Knie,
nicht lange,
dann verschwindet sie.
Rettet Vernunft
sie aus dem Sumpf?
No, Mr. Kant, its empathy!

Hormone vs. Gnade:

Wer überzeugt,
dass seine Taten
ihrn Grund nur
in Hormonen haben
ist frei von Sünd',
ganz wie ein Kind.
Und er genießt
Gotts höchste Gnaden.

Sündige Gefühle:

Die Niedertracht
in den Gefühlen
heißt's Leben,
im Morast zu wühlen.
Kein Grund zur Klage,
die höchste Gnade
wird unsre Seelen
sauber spülen.

Falsche Philanthropen:

Ein Mensch,
der nur für andre lebt,
sich dadurch
gottgefällig wähnt,
sogar ihm ähnlich,
der hat tatsächlich
sich endlos von ihm wegbewegt.

Rückkehr der Pflicht:

Einst galt die Pflicht
als tugendhaft,
dann ward sie
endlich abgeschafft.
Heut kriecht die Plage
aus ihrem Sarge
als Blutsauger mit Zombiekraft.

Strafe vs. Moral:

Für böses Tun
gehts jedes Mal
ins Kitchen
ohne große Wahl.
Doch vor dem Sitzen
kann man sich schützen,
und dieser Selbstschutz heißt:
Moral.

Erlösung vs. Glaube:

Wird uns der Tod
die Seele rauben,
wenn wir uns
jeden Mist erlauben?
Sogar die Bösen
wird Gott erlösen,
Bedingung ist, man muss dran
glauben.

Kants imperatives Paradoxon:

Könnts allgemeingesetzlich
werden,
ists gut,
was man es tut auf Erden.
Doch schafft ein Menschlein
nein eignes Dasein,
im Rahmen nur
beschränkter Stärken.

Gnostizismus:

Der Glauben,
es genau zu wissen,
lässt Wisser oft Nichtswisser
dissen.
Glaubt man am Ende
nurs Transzendente,
braucht Wissen man nicht
zu vermissen.

Berliner Sünde:

Das Zwielicht
im Berliner Westen
ist wirklich nichts
für Moralisten.
Wer meint, er stünde
über der Sünde,
der macht sich besser auf nach
Dresden.

Menschenrechte:

Für jeden ist sein Menschenrecht
Geburtsrecht, unveränderlich
und an sich nicht
veräußerlich.
Nein, zu verkaufen ist es nicht.

Informationsgesellschaft vs. Religion:

Man unterschied
Realität
vom Himmelreich fürs
Stoßgebet.
Das Jenseits gibts
heute auf Chips.
Man nennts
die virtuelle Welt.

Pluralist vs. Egoist:

Wer war das noch,
der Pluralist?
Ach ja, der sich
nach andern richt'.
Nur hat so'n Held
nie frei gewählt,
denn frei ist nur
der Egoist.

VI. Politik und Geschichte

Poesie vs. Revolution:

Tagein, tagaus
macht er sich krumm,
braucht etwas
Poesie darum,
so träumt er von
Revolution,
des Volkes wahres Opium.

Revolutionär vs. Staat:

Dem großen Revolutionär
war seine Lage sehr prekär.
Was er vertrat,
tat auch der Staat,
Nur darum griff er zum Gewehr.

Pessimistische Dialektik:

Wenn manche Demos
für die Frieden
in Wirklichkeit
dem Kriege dienen,
streicht sogar Hegel
frustriert die Segel.
Keine Vernunftlist
wird hier siegen.

Untergang des Abendlandes:

Einst hob sichs
selber aus der Taufe,
und bald versinkt
das Reich im Staube,
erst Euphorie,
dann Lethargie,
und zwischendurch nur
Fortschrittsglaube.

Demokratie vs. Dienstleistung:

Politiker sind wohl
nicht dumm,
die wissen schon,
was sie da tun.
Doch, Demokratie
die funktioniert nie
als eine reine Dienstleistung.

Klassengesellschaft:

Einst glaubte Marx,
dass wilde Massen,
die Ausbeutung
hinter sich lassen.
Doch Revolutionen,
anstatt sich zu lohnen,
erschaffen wieder
neue Klassen.

Evolution vs. Revolution:

Sie sprangen vor
mit Mann und Maus,
riefen die neue
Ordnung aus.
Doch aus der Ferne
sehn Sprünge gerne
wie klitzekleine Schrittchen aus.

Republik vs. Kontingenz:

Wir kontrolliern,
was uns angeht.
Die Republik
hat uns verwöhnt
und mit der Zeit
die Möglichkeit
der Ohnmächtigkeit abgewöhnt.

VII. Identität und Gemeinsamkeit

Identität vs. Limenistik:

Einst teilte er Gemeinsamkeiten
mit seinen
allerbesten Freunden.
Aus Intimität
ward Identität,
Gemeinsames zu Eigenheiten.

Limenistik vs. Anarchie:

Was ist bloß die Gemeinsamkeit,
die alle Menschen freundlich eint?
Aussehn und Kleid,
Nation und Feind?
Vielleicht
die Unterschiedlichkeit.

Diener der Ideologie:

So mancher sagt,
der alte Kant
hat sich
nicht wirklich ausgekannt.
Ideologien,
muss jeder dienen,
nicht der Vernunft,
nicht dem Verstand.

Identität:

Identität ist das Konzept
von dem, was in mir drinnesteckt.
Nur heißt identisch,
dass wer wem gleich ist.
Doch, andern gleich,
das bin isch net.

Identität vs. Hass:

Ihr Hass hatte
sie definiert,
in ihrer Welt
positioniert.
Den Feind, den hab er,
sie jüngst erschlagen,
dadurch sich
selbst eliminiert.

Naturbeherrschung:

Über Natur und
Umwelt herrschen
die aufgeklärten
Fraun und Herrchen.
Doch ist ein jeder
ein Teil von jener,
drum müssen sie sich
selbst beherrschen.

Essenz vs. Existenz:
So mancher fragt sich,
wer er sei,
und was für ihn
zu tuen sei.
Doch Existenz
kommt vor Essenz:
Am Anfang sind
wir alle frei.

Negative Relationalität:
Da keiner weiß,
was recht, was schlecht,
wird jeder
seines Gegners Knecht.
Was einer sagt,
dass er nicht mag,
macht dessen Gegner
dann erst recht.

Das verlorene Ich:

Wenn man das Ich
nach draußen drängt,
dem Eignen
kein Gehör mehr schenkt,
vernimmt man drinnen
bloß fremde Stimmen?
Nein, nein,
denn Christus übernimmt.

Das verlorene Ich II:

So mancher
kurzsichtige Tropf
tritt in
nen heißen Feuertopf.
Vor lauter Pein
wünscht er sich sein
schmerzhaftes Ich-Sein
aus dem Kopf.

Wert der Identität:

Der Mensch besteht,
und das ist Fakt,
aus nem Identitätensack.
Doch gibts so viele
in dem Gewühle
dass keine ne
Bedeutung hat.

Strukturalismus vs. Individualismus:

Das bildet sich
in einem Schwarm,
dass jeder mit
den andern kann.
Man steht niemals
alleine da,
und darf auch niemals selber ran.

Grenzen:

Die Grenzen sind Ausdruck von
Komplexität,
sind Schwellen in Neues,
das dadurch entsteht.
Sie sinds, die dem Leben,
die Abwechslung geben.
Doch nur, wenn man drübergeht,
heißt das,
man lebt.

VIII. Mensch und Sein

Kompliziert vs. komplex:

Der Mensch, meint man,
wär kompliziert,
physisch und psychisch
schnell zerstört.
Er ist komplex,
ein Blutgewächs,
das sich gut selber repariert.

Bedürfnisbefriedigung:

Bedürfnisse
so hört man sagen,
will jeder gern
befriedigt haben.
Doch ist das Glück,
das dann entzückt,
nur ein
erbärmliches Behagen.

Selbstbewusstsein vs. Seinsbewusstsein:

Dass ich ich bin,
heißt das, ich bin?
Die andern sind,
dass kann ich sehn.
Sie leben, lie-
ben sich, und wie.
Und ich tus auch.
Ich bin – wie sie.

Wissensmacht:

Sie haben ihn exakt studiert
und Wissensmacht akkumuliert.
Nun muss er rein
ins richtge Sein,
auch wenn er sich
dagegen wehrt.

Sein und nichts:

Aus Sein allein
wird leider nichts,
drum wirds vernichtet
schlicht vom Nichts.
Dochs nichts ist nicht
so langweilig,
gesetzt, das Seien unterbrichts.

Utopie:

Der Mensch braucht eine Utopie,
doch Wirklichkeit verweigert sie.
Im Punkt der Flucht
gibts einen Spruch:
Was parallel läuft, trifft sich nie.

Irrationale Ursache:

Was ist der Grund,
dass es passierte,
dass es auf einmal
eskalierte?
Am Ende fällt
Das Urteil schnell:
Es gibt keinen, nur Eitelkeit.

Talent:

Es sucht dich heim,
bis nachts um vier,
saugt deine Kraft
mit voller Gier,
lässt dich nicht schlafen,
macht dich zum Sklaven.
Jedes Talent ist ein Vampir.

Leben und Tod:

Sie mocht' nie "Ja"
zum Tode sagen,
somit auchs Leben
nie bejahen.
Schaut sie retour
bestand es nur
aus lebenslangem
Masketragen.

Zum ewigen Bullshit:

Das allerschlimmste
Resultat
aus Handlungen der
dümmsten Art,
wirkt attraktiv,
nicht repulsiv,
und führt zur nächsten
blöden Tat.

Ersatzhandlungen:

Die Tischler-, Maurer-,
Schneiderei,
die Autowerkstattschrauberei,
und auch das Schreiben,
Tinte-Verteilen,
ist alles nur Ersatzbuhei.

Fett vs. Zeit:

Heut ist die Zeit sterilisiert
und von sich selber abstrahiert.
Doch sie wird wieder
physisch konkreter,
wenn man sie schön
mit Fett vollschmiert.

Mensch vs. Natur:

Mit Taten, Werken,
gar mit Sprache,
entscheidungsfrei in jeder Sache.
Der Mensch erstellt
sich und die Welt,
denn umgekehrt
wärs ne Blamage.

Zellen:

Im Hirn gibt es so
manche Zellen,
die Menschen
vor Probleme stellen.
Wenn sie sich richten
nach den Törichten,
enden sie selbst
in kleinen Zellen.

Korrelation vs. Kausalität:

So manches kleine tête-à-tête
bringt beide in das gleiche Bett.
Obschon solch Option
nur Korrelation,
hält man sie für Kausalität.

Noch-Nicht-Da-Sein:

Die eine schickst Du
durch die Tür,
die andre ist bestimmt
gleich hier.
Fürn Augenblick,
das ist verrückt,
bist Du mal ganz allein
mit Dir.

Sinn und Glück:

So mancher sucht
den Sinn im Stuss.
Doch, schon Camus
hatte gewusst,
dass Sinn zu geben
das Glück im Leben
nicht zwangsläufig
erzeugen muss.

Sisyphos:

Er trieb es doll im Reich
der Toten,
weshalb die Götter bös
ihm grollten.
Und Zeus ihn strafte,
doch niemand ahnte:
Sisyphos sieht gern
Steine rollen.

Spiel vs. Abhängigkeit:

Ein jeder,
auch ein ganz Verbockter
wird durch ein Spielchen
wieder locker.
Zwar macht solch' Kur
weniger stur,
doch wird man dadurch
leicht zum Zocker.

Menschsein vs. Totalität:

Dem Menschen seis
grad' heut geboten,
sein Menschsein
total auszuloten.
Spezialisierung
ist Optimierung
und jeder wird
zum Fachidioten.

Bewahren:

Bewegung und Veränderung,
mal grad, oft krumm,
um uns herum,
Manchmal ganz wild,
in dem Fall gilt:
Bewahrung, das heißt
Anstrengung.

Gleichheit vs. Krisen:

In Krisen zeigt sich
der Beweis:
Ob schwarz, ob weiß,
ob arm, ob reich,
die Menschen sind,
gleich, wer sie sind,
in ihrem Menschsein
alle gleich.

IX. Wahrheit und Wirklichkeit

Der Untertan:
hat er nie versäumt,
zu tun,
was Obre sich erträumt,
sich zu verbiege
ums hinzubiegen.
Und er zerbrach –
an Wirklichkeit.

Postmoderne vs. Ironie:
Dass Wahrheit unwahr sei,
klingt komisch,
denn wahr wär diese
Wahrheit ooch nich.
Was soll dann bleiben?
Doch nicht nur Schweigen?
Nein, unser Leben
wird ironisch.

Postmoderne vs. Wissenschaft:

Die Postmoderne
rügt die Macht,
von Wissenschaft und
Geisteskraft,
nutzt dafür selbstlos
Ratio und Logos.
Und darum: Folgt der
Wissenschaft.

Ödipus:

Die alten Griechen
kanntens schon:
das Ödipus-Paradoxon.
Je mehr man sich wehrt,
dran rüttelt und zerrt,
trägts Schicksal doch
den Sieg davon.

Welthermeneutik I:

Es glaubte einst
der Rationale,
dass er die Welt
verstanden habe,
sah, was Gott dachte,
als er sie machte.
Heut glaubt er fromm
an Gottes Gnade.

Welthermeneutik II:

Es dachte einst
ein frommer Knabe,
dass Gott
alles geschaffen habe.
Dann kam der Schock:
Durchs Mikroskop
sah er die Welt
sich selbst als Gabe.

Unsichtbare Phänomene:

Der Wissenschaftler
blickte cool
ins Analyse-Sichtmodul.
Kein Phänomen
war dort er sehn,
denn sie addierten
sich zu null.

Ontologisch-ontische Kehre:

Einst glaubte er, dass Seiendes
ohne sein Sein nicht seiend ist.
Heut denkt er nun,
s'sei andersrum:
Das Seiende legts s'Sein erst fest.

Atheistische Kehre:

Ganz früher hielt er jede Wette,
dass Gott den Mensch'
erschaffen hätte.
Heut denkt er nun,
s'sei andersrum:
Der Mensch schuf Gott
aus Ton und Knete.

Objektivistische Kehre:

Er glaubte,
dass die dreisten Reichen
auf Kosten
armer Menschen speisen.
Heut denkt er nun,
s'sei andersrum:
Die faule Mehrheit
schröpft den Fleißgen.

Idealistische Kehre:

Er glaubte einst,
dass Macht und Geld,
den Zeitgeist einspeist
in die Welt.
Heut denkt er nun,
s'sei andersrum:
Macht liefert,
was der Geist bestellt.

Sonnenfinsternis:

So mancher glaubt, als Pessimist,
dass gar nichts mehr zu retten ist.
Verzweifle nicht,
das trübe Licht
ist nur ne Sonnenfinsternis.

Limenistik vs. Hegel:

Das Weltall passt sich
an sich an,
doch leider scheitert es daran.
Realität
kommt stets zu spät,
durch dies Verfahrn
entsteht sie dann.

Faktencheck:

Einst hat die Wahrheit
man direkt
durch klare
Evidenz entdeckt.
Das ist gewöhnlich
heut nicht mehr nötig,
denn schließlich gibts den
Faktencheck.

Fromme Wissenschaft:

Entspricht die Welt
nicht ihrem Bild,
weil irgend'ne Erklärung fehlt,
wird Wissenschaft
mit Willenskraft
und frommen Stückchen
aufgefüllt.

Hoffnung:

Die Wirklichkeit,
die ist genäht,
aus dem, was kommt
und dem, was geht.
Im Tagtraum flattert,
was balde rattert,
als Zug in die Realität.

Ungleichzeitigkeit:

Ein Blick auf die Gesellschaft zeigt
gleichzeit'ge Ungleichzeitigkeit.
So überschneiden
sich Heil und Leiden,
in neuer aus vergangner Zeit.

Gut und wahr:

Die Wahrheit ist als Sein gemeint,
und meist dem Guten zugeteilt.
Doch wenn nicht klar ist,
ob man selbst wahr ist,
hat man vom Gutsein sich befreit.

Öffnungsmatrix:

Ursache-Wirkung
aus dem Bratfix,
für ne Gewissheit
kann der Staat nix.
Bis Wirklichkeit
sich wieder zeigt,
sind wir gefangen
in der Matrix.

Wahrheitsfindung:

Es war mal ein Menschlein,
das hasste,
die Wahrheit,
die ihm nicht gut passte,
bis er mit: "Für mich ist,
was ich denke richtig!",
die letzte Begründung verfasste.

Bürokratie:

Was abgestempelt, paraphiert,
notariell sechsfach kopiert,
Gebührn bezahlt,
im Amt verwahrt,
hat dennoch nur papiernen Wert.

Kontingenz:

Ist etwas rationalisiert,
objektiviert, zertifiziert,
dann ists, nicht wahr,
doch ganz klar wahr –
bis wieder irgendwas passiert.

Phänomenologe:

Da war ein Phänomenologe,
der stellte sich folgende Froge:
Gibt es wohl das Blühen
ganz ohne die Blüten?
Da stach ihm ne Biene ins Ooge.

Wahrheit vs. Begriffe:

Sie arbeitet täglich
mit Akten.
Vertraut mit Begriffen statt
Fakten.
Darum würd' sie nie,
nach Regensburg ziehn.
Dort schüttets doch ständig im
Stadtkern.

Unerkannte Autosuggestion:

Was auf dem Berge
man krakeelt,
das ist das Wahrste
von der Welt,
schließlich sagts Echo
es ganz genauso.
Nur stammt es von
dem Rufer selbst.

FSC
www.fsc.org

MIX

Papier aus ver-
antwortungsvollen
Quellen
Paper from
responsible sources

FSC® C105338